LETTRE
DE JÉROME PÉTION
AUX PARISIENS.

C'EST à vous, Citoyens de Paris, que je m'adresse ; c'est à vous que je demande justice de l'outrage qu'on vient de me faire en votre nom ; ou plutôt, vengez - vous de celui qui vous est fait.

Jusques à quand souffrirez - vous qu'une poignée d'intrigans vous gouverne ? N'avez - vous secoué le joug des despotes, que pour courber votre tête sous le joug plus humiliant, plus insupportable encore, de quelques factieux subalternes, qui, sans cesse l'injure à la bouche, & le ton menaçant, violent toutes les loix de la morale & de la justice, ne parlent que de pillage & de meurtre ?

J'observe Paris, & je ne le reconnois plus. J'apperçois quelques dominateurs insolens, une masse d'hommes aveuglés, dans le délire, & la majorité des bons citoyens plongée dans la stupeur, n'osant faire entendre sa voix.

L'histoire mettra une ligne de démarcation profonde entre l'espace qui s'est écoulé depuis le commencement de la Révolution jusqu'au 10 Août, & le temps qui a suivi cette époque à jamais célèbre. Parisiens, faites, pour conserver la Liberté, ce que vous avez fait pour la conquérir.

C'est dans votre ville qu'on m'accuse ; & si j'avois besoin de témoignages, ce seroit au milieu

A

de vous que je viendrois les chercher. Vous savez la conduite que j'ai constamment tenue ; vous savez si j'ai défendu les droits du Peuple ; vous savez si j'ai lutté avec courage contre l'aristocratie & le despotisme. Quoi ! celui qui a bravé la royauté dans toute sa puissance, seroit aujourd'hui l'ami des rois ? Quoi ! celui qui a combattu pour la cause de la Liberté, aux dépens de sa vie, la déserteroit lâchement lorsqu'elle est conquise ?.. Non, non, vous ne le croirez pas.

Ce qui m'étonne, je l'avoue, c'est qu'on ait pu parvenir à égarer l'opinion jusqu'au point de faire douter si j'étois toujours le même. Oui, sans doute, je suis le même ; les sentimens de la morale, de l'humanité & de la justice, ne s'éteindront chez moi qu'avec la vie ; & mon dernier soupir sera pour la liberté de mon pays & le bonheur des hommes.

Ce qui est autour de moi peut changer, mais je ne changerai pas. Ferme dans mes principes, je saurai tout braver, & les persécutions, & les calomnies : je n'encenserai point aux préjugés du moment ; je ne me laisserai point entraîner au cours d'une opinion corrompue ; si mes contemporains ne me rendent pas justice, je l'attendrai du temps. L'homme à qui sa conscience ne reproche rien, est toujours plus fort que tous ses ennemis.

Calomniateurs à gages, & vous échos imbéciles, répétez éternellement vos éternelles impostures ; vos succès ne seront pas de longue durée, & les infamies dont vous avez voulu me couvrir, retomberont sur vous.

On n'examine pas assez comment se forment les opinions mensongères sur les hommes publics que les méchans ont intérêt de perdre. Il existe en ce moment, ce qui n'a peut-être jamais existé dans aucune révolution; c'est une école de calomnie journellement ouverte, où deux mille personnes vont s'impregner sans cesse du venin que distillent l'envie, la haine & l'intrigue. Là, jamais l'absent ni l'accusé ne trouvent de défenseurs. Là, aussi-tôt que la victime est frappée, chacun s'empresse à l'envi de lui porter les derniers coups. Le téméraire qui viendroit à son secours, seroit regardé comme un faux frère, comme un traître. L'art de la diffamation y est porté à ce degré que n'ont jamais connu les cours les plus corrompues. Les faits les plus faux, les plus invraisemblables y sont présentés avec l'audace du crime ; ils y sont reproduits mille & mille fois, sous mille & mille formes. Les charlatans & les imposteurs qui font cet infâme métier, ont grand soin de se couvrir du masque populaire, pour abuser la multitude crédule qui les écoute. C'est toujours pour les intérêts du Peuple qu'ils parlent ; c'est pour lui découvrir ses ennemis ; c'est pour l'éclairer sur les hommes à qui il doit accorder sa confiance.

Deux mille spectateurs, qui, chaque jour, entendent retentir une tribune des mêmes calomnies, des mêmes diffamations, sans jamais être combattues, finissent nécessairement par les croire; ils les répettent ensuite à leur famille, à leurs amis ; ceux-ci les rendent à d'autres : il se forme insensiblement une opinion factice qui va toujours croissant. Quand cette opinion a pris une fois de la consistance, elle ne se détruit pas facilement : le temps seul parvient à l'effacer, & les effets du temps sont quelquefois très-lents.

Société, qui tiendras une place remarquable dans l'histoire, qui as rendu de si grands services à la Patrie, combien tu es dégénérée ! combien tu t'es écartée de l'esprit de ton institution ! Non, tu n'es plus cette Association d'hommes éclairés, brûlant du saint amour de la Liberté, propageant les lumières & les bons principes, formant l'esprit public de la Nation. Je n'apperçois plus en toi qu'une coalition d'êtres envieux, jaloux de dominer, intrigans ; de quelques patriotes égarés ; d'aristocrates & de royalistes déguisés, animés d'un esprit de destruction, prêchant la licence & le désordre, répandant par-tout, non pas le feu qui vivifie, mais celui qui consume & dévore. Tes archives, dans ces derniers temps, seront des monumens éternels de ta honte. Lorsque nos neveux, lorsque nous - mêmes, dans des momens plus calmes, nous lirons de sang-froid les journaux de tes séances, nous nous demanderons avec étonnement ; dans quel siècle & à quelle époque a-t-il pu exister au milieu de nous des hommes qui se sont livrés à de semblables écarts, à un tel degré de licence ? & quand on se dira : eh bien ! ce sont positivement ceux qui se disoient alors patriotes par excellence, les seuls, les vrais Républicains ; on ne voudra pas le croire.

Ne nous y trompons pas ; nous sommes dans un moment de délire ; nous ne voyons pas aujourd'hui les objets tels qu'ils sont : lorsque cette crise sera passée, on jugera alors & les hommes & les choses.

J'ai été, comme tant d'autres, persécuté par cette société. Il me seroit difficile de dire toutes les calomnies qui ont été vômies contre moi ; je ne les ai apprises que pour les oublier. J'avoue que ces persécutions ont eu ce caractère d'injustice, de plus, qu'elles ont frappé sur le Citoyen qui avoit rendu les plus importans services à la société, qui avoit été son plus ferme soutien dans les temps où elle étoit en péril, où tout sembloit la menacer d'une chûte prochaine.

Plus je descends en moi-même pour examiner

ce que j'ai fait, moins je conçois ce qu'on peut me reprocher. Je n'ai peut-être pas de juge plus sévère de moi, que moi-même. Je passe en revue mes actions, & je n'en vois aucune que je ne puisse avouer, aucune qui ne soit dictée par des intentions pures & droites. Je prie en grace mes ennemis d'en citer une seule dont un homme de bien ait à rougir.

J'ai entendu dire quelquefois: la meilleure preuve que vous avez changé, que vous n'avez plus les mêmes principes, c'est que vous n'êtes plus dans le sens des hommes avec qui vous marchiez de front autrefois; c'est que vous vous laissez entourer par ceux qui sont les ennemis de ces mêmes hommes.

D'abord, je défie qui que ce soit de dire que j'aie avancé un seul principe contraire à la liberté & aux droits du Peuple. Je déclare qu'il ne seroit pas en moi de le faire, que je ne le pourrois pas: les principes éternels de morale & de justice sont tellement & depuis si long-temps gravés dans mon cœur, qu'ils y sont devenus des sentimens inéfaçables; ils ne sont plus chez moi une affaire de méditation, de calcul; l'habitude en a fait un instinct.

Des principes! Nous ne nous en sommes malheureusement pas assez occupés jusqu'à présent. Nous les avons trop souvent remplacé par des mesures violentes d'exécution. Espérons enfin qu'en donnant une Constitution au Peuple François, nous reviendrons en effet à ces principes, sans lesquels rien n'est stable, sans lesquels il n'y a point de bonheur à espérer pour l'homme sur la terre.

Il est très-vrai que je ne partage pas toutes les les idées de quelques hommes que j'ai vus autrefois défendre la Liberté, & avec lesquels je me ſuis fait gloire de combattre. Ce n'eſt pas que je ne leur rende juſtice quand je crois qu'ils ont raiſon ; ce n'eſt pas que je n'adopte leur avis quand je le trouve ſage. De quelque part que la vérité vienne, il faut toujours l'accueillir.

Mais, je le penſe, ces hommes font le plus grand mal à la choſe publique. Je n'examine pas ici ſi leurs intentions ſont bonnes ou perfides, je ne conſidère que les réſultats. Ce ſont eux qui égarent l'opinion du Peuple, qui corrompent ſa morale, qui fatiguent la Nation par d'éternelles convulſions, qui aviliſſent toutes les autorités, qui allarment les citoyens ſur leur ſûreté, ſur leurs propriétés, qui augmentent le nombre des mécontens, qui préſentent la Liberté ſous les formes les plus hideuſes, qui lui font des ennemis, qui retardent ſes progrès en Europe, qui aliènent de nous les Nations étrangères, qui mettent ſans ceſſe la République à deux doigts de ſa perte.

Ce ſont eux cependant qui ſe proclament Patriotes. Il eſt vrai que les ariſtocrates & les royaliſtes ſe rangent ſous leurs enſeignes, qu'ils ſont patriotes à cette manière, & que nos ennemis n'ont rien tant à deſirer que ce patriotiſme contre-révolutionnaire.

Je ſais bien, & je n'ai ceſſé de le répétter, qu'une grande révolution ne ſe fait pas ſans de grands déchiremens, qu'elle entraîne à ſa ſuite & des malheurs & des excès ; que tout ne peut pas rentrer à l'inſtant dans le calme & dans l'ordre accoutumé.

Mais ce que je ſoutiens en même temps, c'eſt que ces hommes ont perpétué notre état de criſe & de ſouffrance ; c'eſt qu'ils ont enfanté une foule de malheurs qu'il étoit facile de prévenir. Jamais chez aucun peuple & dans aucun temps, une révolution ne s'eſt préſentée ſous des dehors auſſi

beaux, auffi favorables, & n'a fur-tout été plus
facile à terminer. Oui, après le 10 Août elle pouvoit ne couter ni fang, ni larmes, ni douleurs.
Le Peuple alors avoit toute fa dignité, & fon
énergie étoit fublime. Au lieu de le foutenir à
cette hauteur, que n'a-t-on pas fait depuis pour
le dégrader, pour le porter à des excès fanglans,
à des vengeances atroces ? L'hiftorien qui, par-
tant de cette époque, fuivra attentivement le fil
des faits, découvrira fans peine & la caufe de nos
maux & leurs auteurs.

Je l'avois bien prédit ; j'avois annoncé qu'il
falloit déformais dans la conduite des affaires,
prendre une autre marche que celle qui avoit été
fuivie jufqu'alors ; qu'on ne devoit pas employer
pour conftruire, les mêmes moyens qu'on avoit
employés pour détruire ; que loin de favorifer les
mouvemens révolutionnaires, il falloit parvenir à
les calmer peu à peu. Eh bien ! les hommes dont
je me plains, quels qu'aient été leurs motifs, n'ont
ceffé d'ajouter agitations à agitations, d'échauffer,
d'exafpérer le Peuple, de le pouffer avec violence
hors de toutes limites ; ils lui ont crié à chaque
inftant : Levez-vous, frappez, écrafez vos ennemis ; il faut des infurrections nouvelles ; la révolution n'eft pas achevée ; vous n'êtes pas heureux ; on n'a encore rien fait pour vous ; on ac-
capare vos fubfiftances ; le marchand vous les vend
au poids de l'or ; vous n'avez pas de plus cruels
ennemis que les hommes riches ; il eft temps que
vous foyez vengés, il eft temps que ces lâches
égoïftes partagent avec vous ; il eft temps que
que les places vous appartiennent ; il faut un nou-
vel ordre de chofes ; armez-vous, vous êtes les
plus forts, & faites trembler tous ceux qui vou-
droient vous réfifter.

Malgré ces clameurs mille fois répétées,

malgré ces provocations, malgré l'argent diſtribué, malgré les chefs d'émeutes ſtipendiés pour exciter des ſoulèvemens, on a vu que le Peuple étoit aſſez calme, qu'on avoit beaucoup de peine à le faire mouvoir, & encore qu'il ne ſe levoit que partiellement.

Si au lieu de ces prédications anarchiques, le Peuple n'eût jamais entendu que le langage de la raiſon, de l'humanité & de la juſtice, qu'on eût voulu ſincèrement ſon bonheur, & qu'on ſe fût occupé des moyens vrais de le lui procurer, croit-on que nous aurions été témoins de ces pétitions incendiaires, de ces plaintes de commande, de ces déſordres, de ces pillages, de ces demi-inſurrections?.. non ſans doute.

Cependant on vous dit toujours que c'eſt le Peuple qui par ſa nature eſt enragé; que ſon indignation eſt au comble; qu'il veut être vengé; qu'on a de la peine à le contenir; qu'il ſeroit dangereux de trop heurter ſes mouvemens; qu'il faut marcher avec lui; que lui ſeul par ſa force, peut ſe ſauver & nous ſauver. Hipocrites ou ignorans que vous êtes! vous mettez tout en œuvre pour forcer le Peuple à ſe montrer, à marcher; & vous venez dire enſuite de le ſuivre, lorſque lui-même ne va pas auſſi vite que vous, ni toujours dans le ſens qui vous convient.

On répette que nous ſommes en révolution, & avec ce mot magique qu'on n'explique point, on excuſe tout. Sans doute nous ſommes en révolution, dans ce ſens que la Conſtitution nouvelle n'exiſte pas encore, que le Peuple ne l'a pas acceptée; mais il ne s'enſuit pas que nous devions être en inſurrection perpétuelle, & dans un état continuel d'anarchie. Rien n'eſt plus facile à concevoir que l'établiſſement de l'ordre & de la paix dans le moment où les Repréſentans du Peuple préparent les bafes du Pacte Social; rien n'eſt même plus facile à opérer. Il ne faut qu'un peu d'harmonie & de concert entre les hommes qui veulent fermement le bonheur de leur pays. Le befoin de la tranquillité & du calme ſe fait ſentir à tous les citoyens. Les pauvres comme les riches ſoupirent également après cet ordre de choſes. Il n'y a même pas ici abfence de ces loix ufuelles qui entretiennent la concorde entre les citoyens. Si on ne s'occupoit pas fans ceſſe à rompre les liens ſociaux, à dégager les hommes turbulens de toute autorité tutélaire, on ne s'appercevroit pas du paſſage d'un ordre ancien à un ordre nouveau. Tout ſe trouve organiſé d'une manière populaire, & les Tribunaux & les Adminſtrations. Nous avons dès-lors pour parvenir à la perfection du ſyſtême ſocial des moyens qui n'ont jamais exiſté chez aucun peuple s'infurgeant pour recouvrer ſes droits. Nous n'avons plus la néceſſité de fecouſſes violentes. Nous avons toutes les facilités pour que le Peuple exprime librement ſon vœu. Il a des Aſſemblées toutes formées où il peut ſe rendre & délibérer. Les armées ſont entre les mains de la République; nous n'avons plus de defpote qui entrave notre marche. Nous avons une Repréſentation vraiment nationale; un centre commun où tous les intérêts de la République viennent ſe réunir & ſe confondre. Que nous faut-il donc de plus pour agir dans le calme? Ce calme n'exiſte-t-il pas dans la plupart des Départemens? Les Loix n'y ſont-elles pas obfervées? Les Autorités n'y ſont-elles pas refpectées? La Révolution enfin n'y prend-elle pas un cours paifible? Combien cette tranquillité n'y feroit-elle pas plus grande encore fans toutes les manœuvres qu'on emploie pour femer le trouble, & fans les commotions que ces Départemens reçoivent des points agités.

Que les mots ici ne nous abufent point ; ne confondons pas l'état actuel avec l'état où nous étions lorfque nous avions des Prêtres, des Nobles & un Roi. Nous étions en révolution en 1789, nous y fommes en 1793, mais non pas de la même manière. Nous avions befoin alors d'infurrection pour naître à la liberté, aujourd'hui l'infurrection tueroit la liberté. Les temps font changés, notre marche doit changer de même. Hommes violens, qui avez porté tout à l'extrême, qui avez prolongez les convulfions révolutionnaires, qui avez occafionné tant de déchiremens ; & vous, hommes apatiques, qui ne vous êtes jamais prononcés, qui vous êtes cachés lors des orages, vous avez également expofé la Liberté ! J'efpère un jour démontrer cette vérité dans toute fon évidence.

Quant à mes opinions dans l'Affemblée, je n'en ai jamais proféré une feule dont je ne puiffe me glorifier, & dont je ne puiffe expofer la pureté des motifs ; je rendrai ce compte à mes commettans en préfentant l'hiftorique de la Convention : j'ai annoncé ce travail, & je l'exécuterai. Il en eft une cependant fur laquelle je ne dois pas différer de m'expliquer, c'eft celle qui a eu lieu dans la circonftance la plus importante, celle dont on fait le plus de bruit.

J'ai été de l'avis de l'appel au Peuple dans l'affaire du Roi ; oui, j'ai été de cet avis, & maintenant j'en fuis bien plus encore. Qu'on life le Difcours que j'ai fait imprimer alors ; qu'on life plufieurs Difcours prononcés fur ce fujet, & qu'on juge fans paffions fi cet avis étoit fage. Je fais que le moment n'eft pas favorable ; je fais que l'opinion actuelle eft contraire à cette idée ; mais le temps fera juftice ; et quand on pefera de fang froid & loin des mouvemens qui nous entraînent, les raifons pour & contre, peut - être que celles qui paroiſſent les meilleures aujourd'hui, n'auront pas la préférence.

Je déclare d'abord, que je n'entends en aucune manière inculper ceux qui ont rejetté l'appel au Peuple ; je ne fais jamais ſuppoſer de mauvaiſes intentions à ceux qui n'ont pu vouloir que le bien ; mais j'ai le droit d'exiger d'eux la même juſtice.

Il eſt un peu ſurprenant, il faut en convenir, qu'on pourſuive avec tant d'acharnement & de lâcheté ceux qui ont voté pour l'appel au peuple ; car enfin, ce n'eſt pas leur avis qui a prévalu ; ils n'ont pas obtenu un Décret dont on puiſſe leur reprocher les ſuites funeſtes.

Je vais plus loin : comment peut-on imaginer & à qui perſuadera-t-on que ceux-là ont démérité du Peuple qui en ont appelé à lui, qui ont in-voqué ſa ſouveraineté ? On conçoit bien que le Peuple s'irrite contre ceux qui veulent le priver de ſes droits ; mais qu'il s'irrite contre ceux qui, dans telle circonſtance que ce ſoit, lui en pro-curent l'exercice, c'eſt ce qui ne tombe pas ſous le ſens ; c'eſt ce qu'il eſt abſurde de penſer. Quel langage étrange que celui d'une Nation qui diroit à ſes Mandataires : Vous avez perdu ma confiance & encouru ma haine, parce que vous avez eu recours à moi pour connoître mon vœu. Quelques temps encore & on ſe demandera avec étonnement, par quel preſtige on a pu parvenir à perſuader un moment à une portion d'hommes, que ceux-là étoient des repréſentans infidèles & des traîtres, qui vouloient que le Peuple fût conſulté.

Il n'y a point à examiner la queſtion de ſavoir quel eût été le jugement du Peuple ; car, quel qu'il eût été, il étoit l'expreſſion de ſa volonté ſouveraine, & il commandoit impérieuſement l'obéiſſance.

On n'a pas rougi de faire une objection qui, au premier apperçu, a séduit, & a même trouvé des apologistes : on a dit que cet appel pouvoit être un moyen de sauver la vie du Roi & de faire commuer sa peine en une captivité.

Eh bien ! si la volonté du Peuple eût été de ne pas condamner le Roi à la mort, de quel droit ses Mandataires se seroient-ils élevés au-dessus de cette volonté ? Sommes-nous les subordonnés ou les maîtres de la Nation ? Dans tout ce que nous faisons, n'agissons-nous pas avec le sentiment intime de remplir le vœu de nos commettans ? N'est-ce pas une obligation sacrée pour nous de nous y conformer ? & si ce vœu nous étoit évidemment connu ; quel est celui de nous qui oseroit prétendre ne pas devoir s'y soumettre ? J'avouerai même que la majorité d'une Nation peut se tromper ; mais il n'appartient ni à un individu, ni à la minorité de se soustraire à la volonté générale, ou il n'y a plus de société.

J'ai entendu faire ce sophisme des despotes, qu'il faut faire le bien du peuple, même malgré lui. Celui qui se croit ainsi la puissance & le droit de faire le bien, a les mêmes moyens de faire le mal ; alors le peuple n'est plus rien, & l'expression de sa volonté n'est qu'une formule inutile.

On a eu aussi l'impudence de dire que le Peuple, dans les Assemblées primaires, pourroit être égaré & séduit par l'aristocratie, par les royalistes déguisés. Si la majorité d'une Nation entière divisée sur un territoire immense & distribuée dans une multitude d'Assemblées, peut être ainsi entraînée & corrompue, ne parlons plus de Gouvernement populaire, il n'en peut plus exister.

J'ai mûrement réfléchi sur toutes les objections qu'on a faites contre l'appel au Peuple ; elles m'ont paru futiles. Il n'est personne de bonne foi qui puisse nier que, quel qu'eût été le jugement de la Nation, il étoit le meilleur ; il l'étoit par cela seul qu'il étoit le sien ; il l'étoit parce qu'elle étoit intéressée à le soutenir ; il l'étoit parce qu'il environnoit la Convention d'une nouvelle confiance ; il l'étoit parce qu'il en imposoit aux Puissances étrangères.

Etes-vous donc bien sûr, vous qui avez pris sur vous de voter sans appel, de condamner à mort sans appel, êtes-vous donc bien sûr, d'avoir rempli le vœu de vos commettans, & sur-tout d'avoir détruit la tyrannie ? Je suis bien loin, je le répète, de calomnier vos intentions, & encore moins de m'élever contre le Décret qui a été rendu, Décret pour lequel j'ai toujours reclamé & le respect & l'obéissance.

Pour abattre un Roi, on n'abat pas la Royauté ; c'est une vérité démontrée par l'expérience.

A Rome, César tué par Brutus, fut bientôt remplacé par un autre despote. En Angleterre, Cromwel succéda à Charles. Si les tyrans n'avoient qu'une tête, il n'est point d'homme libre qui ne briguât l'honneur de la faire tomber ; mais un tyran mort, plusieurs renaissent de les cendres.

Louis vivant ne pouvoit plus régner ; il n'étoit pas un François qui pût consentir à avoir pour Roi un homme couvert de mépris & de crimes ; un homme déclaré coupable par la Nation toute entière. Cependant Louis vivant fermoit la barrière du trône à tout ambitieux qui auroit tenté d'y monter.

On ne peut pas se dissimuler que la mort de Louis a fait la plus fâcheuse impression sur tous les Peuples ; que les Gouvernemens en ont profité pour les indisposer contre nous, pour servir de prétexte à la guerre qu'elles nous ont déclaré, & pour nationaliser cette guerre.

Ainsi les meilleurs Républicains pouvoient

n'être pas de l'avis de ceux qui vouloient la mort de Louis fans appel. Il me femble que ceux qui ont voté pour la mort, & ceux qui ont voté autrement, ont eu le même but : l'abolition de la Royauté & l'affermiffement de la République. Quels font ceux qui ont pris la marche la plus fûre & la meilleure pour y arriver? C'eft ce que nous laiffons à décider.

Parifiens, tel vous m'avez vu, tel vous me verrez toujours : ennemi implacable des tyrans, & l'ami fidèle de la liberté.

Je n'ai qu'une ambition, c'eft que mon pays foit libre, & que les hommes y foient heureux.

Convaincu que ce qui nuit le plus à l'affermiffement d'une République naiffante eft la rivalité qui s'établit entre tous les hommes qui afpirent au pouvoir :

Convaincu que le foupçon feul d'y prétendre peut occafionner les plus grands maux ;

Convaincu que l'abnégation de tout intérêt perfonnel doit être utile à la chofe publique dans les circonftances actuelles ;

Je déclare folemnellement que le Gouvernement une fois établi, je n'accepterai aucune place, foit dans le Confeil exécutif, foit dans le Corps légiflatif.

Je ne fuis pas riche, & je faurai mourir pauvre. Tous mes amis favent que je n'ai jamais défiré que le revenu le plus modique pour pouvoir me retirer à la campagne, y vivre en paix & loin des hommes.

Eh bien, Parifiens, il s'eft trouvé des hommes affez infâmes pour dire hautement dans vos Sections, que j'avois fouillé mes mains de l'or étranger.

Il s'en eft trouvé d'autres, non moins fcélérats, qui ont eu l'impudence de me fuppofer des liaifons avec Pitt, que je n'ai jamais vu, à qui je n'ai jamais écrit, ni parlé.

C'eſt cependant avec de telles horreurs qu'on attaque chaque jour la réputation des gens de bien. Quel ſera donc enfin le ſupplice de ces miſérables, pétris de fiel & de boue, qui vivent de menſonge & de crime, qui ne reſpirent que le mal ? il en eſt un au moins qui, je l'eſpère, leur eſt réſervé, ce ſera un jour d'avoir ſous leurs yeux le ſpectacle de la vertu triomphante.

Braves habitans de Paris, ſongez-y bien, vous n'avez pas un inſtant à perdre pour arrêter les progrès des méchans. Vous avez dans la Convention un dépôt national à conſerver ; les Départemens vous en demanderont compte. Déjà il a penſé être violé ſous vos yeux, & ſon ſalut n'eſt dû qu'à un concours heureux de circonſtances. Sans ceſſe la liberté eſt ſouillée par des excès ; des agitations perpétuelles menacent de tout détruire : on vous accuſera de n'avoir pas réprimé ces déſordres. Vos propriétés ſont menacées, & vous fermez les yeux ſur ce danger. On excite la guerre entre ceux qui ont & ceux qui n'ont pas, & vous ne faites rien pour la prévenir. Quelques intriguans, une poignée de factieux vous font la loi, vous entraînent dans des meſures violentes & inconſidéées, & vous n'avez pas le courage de leur réſiſter ; vous n'oſez pas vous préſenter dans vos Sections pour lutter contr'eux. Leur parti s'augmente, & ſi vous n'y prenez garde, il deviendra le plus fort. Vous voyez tous les hommes riches & paiſibles quitter Paris ; vous voyez Paris s'anéantir, & vous demeurez tranquilles. On exerce ſur vous des inquiſitions de toutes manières, & vous les ſouffrez avec patience. Ce ſont cinq à ſix cent hommes, les uns en délire, les autres couverts de crimes, la plupart ſans aucune exiſtence connue, qui, ſe répendant par-tout, aboyant dans les grouppes, vociférant dans les ſections, jurant, menaçant, ne parlant que de meurtres & de pillage, dictent impérieufement la loi & exercent la plus odieux defpotifme fur fix cent mille citoyens... La poftérité ne voudra jamais le croire.

Parifiens, fortez enfin de votre léthargie, & faites rentrer ces infectes venimeux dans leur repaire. J'aime trop votre gloire pour n'être pas indigné de l'excès d'avilifement dans lequel vous êtes fur le point de tomber. Que Paris, qui a commencé la révolution l'achève, mais qu'il l'achève avec cette énergie fière & impofante qui convient à des hommes libres, & non pas avec cette lâche férocité des affaffins & des bourreaux. Oui ! cette cité me fera toujours chère ; je me fouviendrai toujours de toutes les marques de confiance & d'amitié qu'elle m'a donné ; & ce qui me confole de l'ingratitude paffagère que j'éprouve aujourd'hui, c'eft la conviction intime dans laquelle je fuis qu'un jour elle me rendra une juftice éclatante.

De l'Imprimerie d'Antoine - Jofeph GORSAS
Rue Tiquetonne, N°. 7.